L'AVEUGLE CLAIR-VOYANT,

COMÉDIE.

L'AVEUGLE CLAIR-VOYANT,

COMEDIE.

Par M. LE GRAND.

Représentée le 18. *Septembre* 1716.

Prix, 24 sols.

A PARIS,

Chez les Freres RIBOU.

1718.

ACTEURS.

DAMON, Officier de Marine, Aveugle Clair-voyant.

LEONOR, jeune Veuve, promise à Damon.

La vieille LEONOR, Tante de Léonor, amoureuse de Damon.

LEANDRE, Neveu de Damon, Amant de Léonor.

LEMPESÉ, Médecin, amoureux de Léonor.

LISETTE, suivante de Léonor.

MARIN, valet de Damon.

UN NOTAIRE.

La Scène est à Paris dans la Maison de Damon.

L'AVEUGLE CLAIR-VOYANT, *COMEDIE.*

SCENE PREMIERE.

LEONOR, LISETTE.

LISETTE.

EH bien, Madame, à quoi vous déterminez-vous?
On va voir arriver votre futur Epoux.
Damon revient enfin après deux ans d'abſence.

LEONOR.

Fatal retour! O Ciel! je frémis quand j'y penſe.
Liſette, dans l'état où l'a mis ſon deſtin,
Pourrai-je me réſoudre à lui donner la main?

LISETTE.

Comment vous en défendre? un dédit vous engage.

Il l'exigea de vous avant ce long voyage,
Et que vous logeriez ici dans sa maison :
Nous y vînmes alors toutes deux sans façon,
Comptant ce mariage une chose certaine.
A présent son retour vous allarme & vous gêne.

LEONOR.

Hélas! lorsqu'à Damon je donnai mon aveu,
Je n'avois jamais vu Léandre son neveu.

LISETTE.

Que je m'en doutois bien! Voilà donc l'enclouure?
Léandre, je l'avoue, est d'aimable figure ?
Mais il n'a pas le double, & sans l'oncle, ma foi,
Ce neveu si charmant seroit plus gueux que moi :
Damon a fait sur mer une fortune immense,
Avec lui vous seriez toujours dans l'opulence,
Vous auriez de l'argent, des habits, des bijoux.

LEONOR.

Mais avec tous ces biens un très-fâcheux époux;
Car enfin l'accident dont on a la nouvelle
N'a pas dû l'embellir.

LISETTE.

C'est une bagatelle.
Quoi! parce que le vent d'un boulet de canon
Nous le renvoie aveugle. Hé quoi! cette raison
Vous doit-elle empêcher de conclure?

LEONOR.

Sans doute.

LISETTE.

Refuser un mari, parce qu'il ne voit goutte!

Hélas! votre défunt ne voyoit que trop clair,
Sur les moindres soupçons toujours l'esprit en l'air.

LEONOR.

Ah! ne m'en parle pas; cinq mois de mariage
M'ont avec lui paru cinquante ans d'esclavage;
Ce souvenir suffit pour me faire trembler,
Et Damon a le don de lui trop ressembler.
Quand j'aurois été sourde à de nouvelles flammes,
Damon parle si mal, pense si mal des femmes.

LISETTE.

Ah! qu'il en pense mal, ou qu'il en pense bien,
De ce que nous ferons il ne verra plus rien.

LEONOR.

Qu'il ignore sur-tout que son neveu Léandre
Est encore à Paris, quand il le croit en Flandre.

LISETTE.

Oui; mais que ferons-nous de Monsieur Lempesé?
De le congédier il n'est pas fort aisé;
Ce fade Médecin est un amant tenace,
Et qui ne s'apperçoit jamais qu'il embarrasse:
Mais pourquoi diantre aussi lui donner de l'espoir?

LEONOR.

Pour m'amuser, n'ayant personne à recevoir:
Dans les commencemens je le trouvois passable,
Mais depuis certain temps il m'est insupportable.

LISETTE.

Depuis que le Neveu s'est offert à vos yeux.

Quoi qu'il en ſoit, je veux vous ſervir de mon mieux ;
Cependant je devrois être bien en colere,
Puiſque juſques-ici vous m'avez fait myſtere....

MARIN *derriere le Théâtre.*

Hoé, hoé, hoé.

LISETTE.

J'entends Marin, je crois.

LEONOR.

Le valet de Damon?

LISETTE.

Oui vraiment, c'eſt ſa voix ;
Je la reconnois bien : il faut ſans plus attendre
Prendre votre parti.

LEONOR.

Quel parti puis-je prendre ?

SCENE II.

LEONOR, LISETTE, MARIN *en Courier.*

MARIN.

HOé, hoé, hoé; parbleu, j'ai beau crier:
Comment donc, eſt-ce ainſi qu'on reçoit un Courier?
Perſonne ne deſcend.

LEONOR.

Qu'as-tu fait de ton Maître?

MARIN.

Ne vous allarmez point, vous l'allez voir paroître:
Et je l'ai devancé de cent pas ſeulement,
Pour voir ſi tout eſt prêt dans ſon appartement.

LISETTE *à Léonor.*

Cela va bien pour nous; commençons par avance
A faire entrer Marin dans notre confidence.

LEONOR *bas à Liſette.*

Que vas-tu faire?

LISETTE.

Il m'aime, & fera tout pour moi,
J'en ſuis ſûre. Marin, puis-je compter ſur toi?

MARIN.

Tu n'en ſaurois douter ſans me faire injuſtice.

LISETTE.

Il s'agit, en payant, de nous rendre un ſervice.

MARIN.

En payant? c'eſt beaucoup me dire en peu de mots.
A cent coups de bâton dût s'expoſer mon dos,
Vous n'avez qu'à parler.

LISETTE.

Il faut tromper ton Maître,
Et ſur les gens qu'ici tu pourras voir paroître
Ne lui rien témoigner.

MARIN.

Il ſuffit, je t'entends.
Madame en notre abſence a fait quelques Amans,
Et Damon l'inquiete un peu par ſa venue.
Ne craignez rien; depuis qu'il a perdu la vue,
Je lui fais aiſément croire ce qu'il me plaît;
Et je vous ſervirai, non pas par interêt,
Mais parce que je ſens pour vous un certain zéle
Qui brûle d'éclater...... (*à Liſette.*) Que me donnera-t-elle?

LEONOR.

J'ai vingt louis tout prêts, je vais te les chercher.

MARIN.

Madame... en verité... c'eſt de quoi me toucher.
Hâtez-vous de répondre à mon ardeur extrême,
Et ſongez que mon Maître arrive à l'heure même.

SCENE III.

MARIN *seul.*

Vingt louis ! Male-peste ! allons, mon cher Marin,
Il ne faut pas rester dans un si beau chemin.
Mais quoi ! trahir Damon ! Non cela ne peut être ;
Il ne faut pas ma foi, trahir un si bon Maître ;
Il vient de m'assurer certaine pension,
Qui dans la suite aura quelque augmentation.
Et le tout, pour venir ici leur faire accroire
Qu'il est aveugle. Allons, il y va de ma gloire,
De soutenir toujours ce que j'ai commencé,
Des gens nous ont mandé que Monsieur Lempesé,
Ce Médecin pimpant, ce Marchand de denrées,
Pour rétablir le teint des beautés délabrées,
Etoit dans ce logis du matin jusqu'au soir,
Que même Leonor lui donnoit quelque espoir.
On nous mande de plus qu'elle adore Léandre,
Et qu'il est à Paris quand on le croit en Flandre ;
C'est ce que dans ce jour mon Maître veut sçavoir,
Et qu'il verra bien mieux, feignant de ne rien voir,
Ce qu'il en fait pourtant n'est pas par jalousie,
Il doit être guéri de cette frenesie,
Il veut se réjouir, c'est-là je crois son but,
Mettre à bout Léonor & ses amans ... mais chut.
La voici de retour aussi bien que Liserte.
Prenons de toutes mains, & dupons la coquette.

SCENE IV.

LEONOR, LISETTE, MARIN.

MARIN.

Hé bien, ces vingt louis sont-ils prêts?

LEONOR *lui donnant une bourse.*

Les voici.

MARIN.

Je les prends sans compter, & vous dis grand-merci.

LISETTE.

Pour que tu sois au fait, il faut d'abord t'apprendre
Qu'on n'aime plus Damon, & qu'on aime Léandre.

MARIN.

Il est donc à Paris? Ma foi, c'est fort bien fait;
J'approuve votre goût, & j'en suis en effet.
Dans ma façon d'aimer tous les jours je préfere
Et la Niece à la Tante, & la Fille à la Mere.

LEONOR.

Finis, Marin, & sois seulement diligent...

MARIN.

Contez sur mon esprit, mon zéle & votre argent.

LEONOR.

Préviens d'abord Damon, dis-lui que mon visage
A perdu les attraits qu'il avoit en partage.

MARIN.

Oui, je saurai vous peindre en reméde d'amour;
Mais voici votre Tante.

SCENE V.

LEONOR, LA TANTE, LISETTE, MARIN.

MARIN.

Hé, Madame, bon jour.

LA TANTE.

Qu'ai-je appris, cher Marin? Quel accident terrible!
Damon revient aveugle? O Ciel! est-il possible?

MARIN.

Madame, il est trop vrai.

LA TANTE.

Que je le plains! hélas!
Quoiqu'il n'ait pas rendu justice à mes appas,
Et qu'il ait négligé la Tante pour la Niece,
J'avouerai que toujours pour lui je m'interesse.

LEONOR.

Vous le plaignez, ma Tante? Ah! ne plaignez que moi:
Je me vois dans l'état le plus cruel...

LA TANTE.

Pourquoi?

LEONOR.

Epouser un aveugle! Ah! cette seule idée
Me fait frémir d'horreur.

LA TANTE.

J'en suis persuadée:
Cependant aujourd'hui la disette d'Amans
Est si grande, si grande... Il faut suivre le temps.

MARIN.

Oui, l'espece est si rare.

LA TANTE.

On est belles & bien faites,
Et l'on passe ses jours sans ouir de fleurettes.

LISETTE.

Nous ne nous sentons point de la disette ici;
Et nous ne manquons point d'Epouseurs, Dieu merci:
Car de quelque façon que l'on puisse le prendre,
Il nous en restera toujours deux à revendre.
Fournissez-vous chez nous.

LEONOR.

Mon Dieu, ne raillons pas,
Et songeons bien plutôt à sortir d'embarras.

LISETTE.

Attendez, il me vient une idée admirable.
Si nous pouvions trouver quelque perſonne aimable,
Qui près de notre Aveugle oſât paſſer pour vous.

LEONOR.

Plaiſante invention!

LISETTE.

Pourquoi? que ſavez-vous?
Un aveugle à tromper n'eſt pas ſi difficile;
Et s'il ſe rencontroit une perſonne habile,
Qui pût bien imiter le ſon de votre voix.

LEONOR.

Où la trouver, dis-nous? & de qui faire choix?

MARIN.

Cela ſe trouvera; quelque mince griſette,
Qui pour ſe marier... Par exemple, Liſette.

LISETTE.

Qui? moi? Je ne veux point d'un Aveugle.

MARIN.

Comment?
Pourrois-tu là-deſſus balancer un moment?

LA TANTE.

Ne cherchez pas plus loin, j'ai trouvé votre affaire;
Une belle perſonne, & qui ſaura lui plaire,
D'agrément & d'eſprit, en tout ſemblable à toi,
Qui déguiſe ſa voix à merveille; & c'eſt moi.

LISETTE.

Fi donc, Madame, fi.

LA TANTE.

Pourquoi donc, je vous prie?
Qui vous fait récrier de la ſorte, ma mie?

LISETTE.

Par ma foi, c'eſt votre âge.

LA TANTE.

Hé! n'ayez point de peur;
De ma Niece toujours j'ai paſſé pour la ſœur,
Et de mon âge au ſien le peu de difference
Ne vaut pas après tout...

MARIN.

Bon, belle conſéquence!
(Du ton d'un Marqueur de Jeu de Paume.)
Quarante-cinq à quinze.

LA TANTE.

Enfin, quoi qu'il en ſoit,
Je jouerai bien mon rôle, & mieux que l'on ne croit.

MARIN.

Moi d'ailleurs je peindrai Léonor ſi changée,
Et de telle façon ſa beauté derangée,
Que quand quelqu'un voudroit l'éclaircir ſur ce point,
Ce qu'on pourroit lui dire il ne le croiroit point.

LEONOR.

Ma Tante, je crains bien.

LA TANTE.

Ne te mets point en peine ;
Je suis ta belle-mere & même ta maraine,
Nous portons même nom de fille & de maris,
Je suis veuve du Pere, & toi veuve du Fils :
Pour ton air enfantin, je l'attrape à merveille.

LISETTE.

Songez bien qu'un Aveugle a souvent bonne oreille,
Et que quand à l'abord il donneroit dedans,
Il pourroit dans la suite.....

LA TANTE.

Et c'est où je l'attends :
Quand il reconnoîtra cette aimable imposture,
Il sera trop content de m'avoir, j'en suis sûre.

MARIN.

Le moyen d'en douter.

LEONOR.

Avant tout, cher Marin,
Je voudrois que Léandre apprît notre dessein :
Il loge chez Damis.

MARIN.

J'y vais, c'est ici proche.
(à part.)
Bon, autre argent qui va pleuvoir dans notre poche.

LEONOR.

De ſon Oncle d'abord apprends-lui le retour.
Qu'il ne paroiſſe point ici de tout le jour;
Ou du moins, s'il y vient, qu'il ſonge à ſe contraindre.

MARIN.

Je dirai ce qu'il faut, vous n'avez rien à craindre;
Repoſez-vous ſur moi. (*à part.*) La fourbe a réuſſi;
Allons vîte avertir Damon de tout ceci.

SCENE VI.

LEONOR, LA TANTE, LISETTE.

LISETTE.

AH! j'entends Lempeſé.

LA TANTE.

L'incommode viſite!
Je ne le puis ſouffrir, défais-t'en au plus vîte:
Je paſſe cependant dans ton appartement,
Où je veux réfléchir ſur mon rôle un moment.

SCENE VII.

LEONOR, LEMPESE', LISETTE.

LEONOR *à Lisette.*

QU'il vient mal à propos !

LEMPESÉ.

Bonjour, beauté brillante,
Toujours plus gracieuse, & toujours plus charmante
Que tout ce que mes yeux ont vû de plus charmant.

LISETTE.

Ah ! pour une autre fois gardez ce compliment ;
Nous avons du chagrin.

LEMPESÉ.

Pardon, ma belle Reine,
Si mon retardement a causé votre peine.
Mes gens m'ont désolé, j'ai cru n'être jamais
En état de venir adorer vos attraits,
J'ai si fort querellé que j'en serai malade,
Ils m'avoient égaré mes eaux & ma pomade.
Mais quoi, vous soupirez ? parlez, expliquez-vous ;
Sont-ce soupirs d'amour, de crainte ou de courroux?

LEONOR.

C'en sont de désespoir, désespoir qui me tue.
Enfin c'est de Damon l'arrivée imprévûe.

LEMPESÉ.

Damon, quoi! ce Rival que mon amour vainqueur
A depuis ſon départ banni de votre cœur?

LISETTE.

Lui-même à l'épouſer il voudra la contraindre,
Ils ont un bon dédit.

LEMPESÉ.

Elle n'a rien à craindre,
Je le paierai, Liſette, & dûſſai-je....

LISETTE.

Non pas,
Nous voulons ſans payer la tirer d'embarras,
Et ſi par un détour de chicane ſubtile.....

LEMPESÉ.

Hé bien, cela n'eſt pas, je crois, ſi difficile.

LISETTE.

Pas trop, puiſque Damon eſt aveugle.

LEMPESÉ.

Comment?

LISETTE.

Un boulet de canon fort impertinemment,
Paſſant près de ſes yeux a frôlé la prunelle,
Et le vent... détruiſant... la force viſuelle,
Il eſt aveugle enfin, voilà quel eſt ſon ſort.

LEMPESÉ.

Oh coup de vent heureux, qui me conduit au port!

LEONOR.

Comment? vous vous flattez que ce malheur...

LEMPESÉ.

Sans doute,
Je lui fais un procès sur ce qu'il ne voit goute.
J'ai comme, vous sçavez, mon Frere l'Avocat
Qui brille au Parlement avec assez d'éclat.
Sans perdre plus de tems, dès demain il le somme
A nous répresenter dans la huitaine un homme
Muni de ses cinq sens, qui de corps & d'esprit
Soit tel qu'il s'est fait voir en signant le dédit.

LISETTE.

C'est-là le prendre bien. Mais je l'entens lui-même.

LEONOR.

Ah, Lisette, je suis dans un désordre extrême,
Je n'ose soutenir...

LISETTE.

Je vais le recevoir,
Rentrez; & vous, Monsieur, adieu, jusqu'au revoir.

LEMPESÉ.

Ne pouvant être vû, je puis rester, Lisette,

LISETTE *le repoussant.*

Vous vous moquez de moi.

LEMPESÉ.

Que rien ne t'inquiete.

LISETTE.

Ma foi, vous sortirez.

LEMPESÉ.

Non, je suis curieux
De voir comme s'exprime un aveugle amoureux.

LISETTE.

J'enrage.

SCENE VIII.

DAMON, LEMPESE', LISETTE.

DAMON *contrefaisant l'Aveugle.*

HOlà, quelqu'un, Marin, tout m'abandonne,
Et dans cette maison je ne trouve personne.

LISETTE.

Monsieur, on vient à vous.

DAMON.

C'est Léonor, je crois?

LISETTE.

Non, Monsieur, c'est Lisette.

DAMON.

Hé bien, tu me revois,
Mais je ne puis avoir un pareil avantage.

LISETTE.

Vos yeux sont toujours beaux, hélas c'est grand dommage!

DAMON.

Où Léonor est-elle?

LISETTE.

En son appartement,
Et je vais l'avertir dans ce même moment...

DAMON *allant embrasser Lempesé.*

Du moins auparavant il faut que je t'embrasse...
Qu'est-ce ci, c'est un homme. Hé quoi! dans ma disgrace
Léonor pourroit-elle en bravant mon courroux,
Introduire céans...

LISETTE.

Hé là, Monsieur, tout doux,
Ce n'est qu'un domestique.

DAMON.

Ah! c'est une autre affaire.

LISETTE.

Madame, du premier a voulu se défaire,
C'étoit un paresseux qui n'avoit aucun soin;
Passez dans l'anti-chambre.

DAMON.

Hé non, j'en ai besoin.
Un fauteüil. Je me sens les jambes si serrées....
Hé l'ami, tire-moi mes bottines fourrées.

LISETTE.

Allons, dépêchez-vous.

LEMPESÉ *bas à Lisette.*

Qui ? moi, le débotter ?
Non, parbleu, je m'en vais.

LISETTE *bas à Lempesé, le retenant.*

Ce seroit tout gâter.
Que pourroit-il penser ?

LEMPESÉ *bas à Lisette.*

Oui, mais par où m'y prendre ?

LISETTE *bas à Lempesé.*

Vous méritez cela, pourquoi vouloir attendre...?

DAMON.

Hé bien, faquin, à quoi peux-tu donc t'amuser ?

LISETTE.

Il est novice encore, il le faut excuser.

DAMON.

Ah, je vous ferai bien remuer cette idole.
Se dépêchera-t-on, à la fin...

LISETTE.

Carmagnole,
Débottez donc Monsieur.

LEMPESÉ

LEMPESÉ *bas à Lisette.*

Je ne pourrai jamais.

LISETTE *lui ôtant son manteau.*

Otez votre casaque.

DAMON : *ici Lempesé le débotte.*

Ah! le maudit Laquais.
On voit bien que jamais il ne fut à la guerre.
Tire à toi, fort, plus fort. Il est, je crois, par terre.

LEMPESÉ *se relevant.*

Je n'y puis résister, Lisette, absolument.

DAMON *présentant son autre jambe.*

Allons, à l'autre.

LEMPESÉ *bas à Lisette.*

Encore une autre?

LISETTE *bas à Lempesé.*

Apparemment;
Il faut bien achever. Mais son valet s'avance;
Ne craignez rien, il est de notre intelligence.

LEMPESÉ *à part.*

Je respire.

SCENE IX.

DAMON, LEMPESÉ, LISETTE, MARIN *chargé d'une grosse malle.*

MARIN.

AH! ah! ah!

DAMON.

Qui te fait rire ainsi?

MARIN.

C'est, Monsieur....
(*à Lisette.*) Apprends-moi ce qui se passe ici.

LISETTE *bas à Marin.*

Ne fais semblant de rien.

DAMON.

D'où viens-tu, double traître?
Dans l'état où je suis peut-on laisser un Maître?
L'abandonner aux mains d'un butor, d'un lourdaud?

MARIN.

Il falloit apporter votre malle ici haut.

DAMON.

Il falloit se hâter.

MARIN.

La charge est trop pesante.

Votre malle, Monſieur, peſe deux cent cinquante :
Par ma ſoi, quand j'aurois la force d'un mulet...

DAMON.

Chargez-la ſur le dos de ce maudit valet.

LEMPESÉ *à part.*

Encore !

MARIN.

Quel valet, s'il vous plaît ?

DAMON.

Carmagnole ;
Un benêt qui depuis une heure me déſole ;
Dans mon appartement qu'il aille la porter :
Acheve cependant, toi, de me débotter.

MARIN *mettant rudement la malle ſur le dos de Lempeſé.*

Tenez donc, Carmagnole.

LEMPESÉ *la laiſſant cheoir.*

Oh ! le Diable t'emporte !
Je ne ſaurois porter un fardeau de la ſorte ;
Je crois que tu me prends pour un cheval de bats.
Adieu, je reviendrai quand il n'y ſera pas.

SCENE X.

DAMON, LISETTE, MARIN.

DAMON.

LIsette, fais venir Léonor, je te prie ;
De son retardement à la fin je m'ennuie.

LISETTE.

J'y vais, Monsieur.

SCENE XI.

DAMON, MARIN.

DAMON.

HÉ bien, que t'en semble, Marin ?
J'ai bien turlupiné Monsieur le Médecin.
Léonor après tout doit être bien coquette,
Si d'un pareil galant elle entend la fleurette.

MARIN.

Monsieur, il ne faut pas disputer sur les goûts ;
Ne vous y trompez pas : tel passe parmi nous
Pour un fat, un benêt, un nigaud, une cruche,
Que des femmes souvent il est la coqueluche.

DAMON.

Passe encor pour Léandre, il a quelque agrément.
Il est donc à Paris malgré tout?

MARIN.

Oui, vraiment.
Je viens de lui parler, vous dis-je, à l'heure même.

DAMON.

Et tu ne doutes point que Léonor ne l'aime?

MARIN.

Le moyen d'en douter?

DAMON.

Il est instruit du tour
Que la Tante prétend jouer à mon amour?

MARIN.

Il en est informé par moi-même.

DAMON.

Le traître!
Avant la fin du jour, je lui ferai connoître...

MARIN.

Je vous croyois gueri, Monsieur, absolument.

DAMON.

Pas tout-à-fait encore, à parler franchement,
Et j'ai besoin de voir tous les tours qu'on m'apprête;
Mais comment! Léonor me croit-elle si bête?
Et peut-elle me tendre un si grossier appas?

MARIN.

Elle vous croit Aveugle, & vous ne l'êtes pas;
Peut-être que l'étant, vous prendriez le change.

DAMON.

Il faudroit que je fusse en un état étrange,
Et que j'eusse perdu tous les sens à la fois.
Mais quelqu'un vient ici, c'est la Tante, je crois;
C'est elle-même, songe à seconder ma feinte.

MARIN.

Allez, je suis au fait, n'ayez aucune crainte.

SCENE XII.

DAMON, LA TANTE, MARIN.

DAMON.

LÉonor ne vient point?

MARIN.

Hé, Monsieur, la voici.

DAMON *allant vers la porte.*

Ah! Madame.

MARIN *l'arrêtant.*

Attendez, ce n'est pas par ici.
Où Diable allez-vous donc parler à cette porte?

LA TANTE *contrefaisant la voix de Léonor.*

Ah! Damon, quel chagrin de vous voir de la sorte.

DAMON.

Que sa voix est changée!

MARIN.

On vous le disoit bien;
Mais auprès de ses traits, Monsieur, cela n'est rien.

DAMON.

N'importe, elle a toujours pour moi les mêmes charmes.

LA TANTE.

Ciel! que votre accident m'a fait verser de larmes!
Si vous saviez, mon cher.

DAMON.

Ah, je n'en doute pas.

LA TANTE.

Je ne saurois parler, & mes soupirs... Hélas!
Je ne sais pas comment je suis encore en vie.

DAMON.

Ne vous affligez point, Léonor, je vous prie,
Vous me percez le cœur; songez que vos attraits
Pourroient par tant de pleurs se perdre pour jamais.

MARIN.

Elle en a déja bien perdu, l'état funeste...

DAMON.

Pour un Aveugle, hélas! c'eſt trop que ce qui reſte.
Après tous ces attraits que tu dis ſi changés,
J'aurois plaiſir peut-être à les voir derangés:
Une beauté bizarre a ſouvent l'art de plaire,
Bien plus que ne feroit une plus réguliere.

MARIN.

Vous devez donc, Monſieur, ne vous chagriner point;
La beauté de Madame eſt bizarre à tel point...

LA TANTE.

Enfin de ma beauté, quoi que vous puiſſiez croire,
Sur bien d'autres on peut me donner la victoire;
Pour mon eſprit, il eſt augmenté des trois quarts,
On m'en fait compliment auſſi de toutes parts.

DAMON.

Ah! Madame, on ſçait trop que c'eſt une merveille.

LA TANTE.

De mille doux propos rempliſſant votre oreille,
Je vous conſolerai d'avoir perdu les yeux,
Je veux être avec vous en tout tems, en tous lieux.

DAMON,

Que j'aurai de plaiſir, hâtez-donc cette affaire,
Et courez promptement chez le premier Notaire;
Mettez dans le Contrat tout ce qu'il vous plaira,
Laiſſez mon nom en blanc qu'ici l'on remplira,
J'ai mes raiſons qui ſont de peu de conſéquence:
Pour vous, ſignez toujours, & faites diligence.

LA TANTE.

J'y vais, & dans l'inſtant je ſerai de retour.

MARIN *bas à la Tante.*

Prenez quelque Notaire éloigné du Carfour,
Et qui ne puiſſe ici reconnoître perſonne.

LA TANTE *bas à Marin.*

C'eſt fort bien aviſé, la prévoyance eſt bonne;
Lorſque j'aurai ſigné, j'envoierai le Contrat,
Et ne paroîtrai point de peur de quelque éclat;
Il pourroit ſurvenir des amis de ton Maître,
Qui me reconnoiſſant gâteroient tout peut-être.

DAMON.

Vous n'êtes point partie? ah! ce retardement
A mon cœur amoureux eſt un nouveau tourment:
Répondez, Léonor à mon ardeur extrême.

LA TANTE.

J'y vais, j'y cours, j'y vole, & je reviens de même.

SCENE XIII.

DAMON, MARIN.

MARIN.

MAugrebleu de la folle.

DAMON.

Allons, ce n'eſt pas tout ;
Et je prétends pouſſer la choſe juſqu'au bout ;
Je veux que Lempeſé...

MARIN.

Paix, j'apperçois Léandre ;
Votre deſſein étoit de venir le ſurprendre,
Le voilà tout ſurpris.

DAMON.

Il n'eſt pas temps encor,
Et je veux le ſurprendre avecque Leonor ;
Je paſſe dans ma chambre, & je vous laiſſe enſemble.

SCENE XIV.

LEANDRE, MARIN

après avoir conduit Damon jusqu'à la porte de son appartement.

LEANDRE.

HÉ bien, mon cher Marin.

MARIN.

Avancez-vous ?

LEANDRE.

Je tremble.
Comment cela va-t-il ?

MARIN.

Tout va bien, Dieu merci,
Et comme on l'esperoit, la chose a réussi.
Votre Oncle a pris le change.

LEANDRE.

Il épouse la Tante ?

MARIN.

Elle est chez le Notaire à remplir notre attente;
Mais voici Léonor qui peut vous assurer...

SCENE XV.

LEONOR, LEANDRE, MARIN, LISETTE.

LEANDRE.

Hé bien, Madame, enfin, on peut donc esperer....

LEONOR.

Selon ce qu'aura fait ma Tante.

MARIN.

Des merveilles :
Elle a de notre Aveugle enchanté les oreilles ;
Il attend le Contrat qui s'apprête à signer.

LEONOR.

Je ne sais pas comment cela pourra tourner ;
Mais quoi que l'on oppose à mon amour extrême,
Soyez sûr que toujours vous me verrez la même.

LEANDRE.

Ah ! quel espoir charmant ! Souffrez qu'à vos genoux.

MARIN.

Chut, ne remuez pas, l'Aveugle vient à nous.

SCENE XVI.

DAMON, LEONOR, LEANDRE, LISETTE, MARIN.

DAMON.

CHarmante Léonor, votre voix adorable
Frappe encor mon oreille.

LISETTE.

Ah! voilà bien le Diable.

DAMON.

Vous n'êtes point partie encore, & votre amour...

MARIN.

Pardonnez-moi, Monsieur, c'est qu'elle est de retour.

DAMON.

Hé bien, qu'avez-vous fait?

MARIN.

Le Notaire est en ville.

DAMON.

Il en faut prendre un autre: est-il si difficile?

LISETTE.

Elle y va retourner.

DAMON.

Qu'elle reste un moment.
Je ferai bien payé de ce retardement,
Par les douceurs qui vont sortir de cette bouche.
Redites donc cent fois que mon amour vous touche.
Redoublez, Léonor, ces soupirs amoureux,
Qui viennent de me mettre au comble de mes vœux.

LEONOR *bas à Marin.*

Que lui disoit ma Tante?

MARIN.

Ah! j'aurois de la peine
A m'en ressouvenir.

LEONOR *à part.*

Juste Ciel! quelle gêne!
Parlons, puisqu'il le faut. Oui, je n'aime que vous,
(Se tournant du côté de Léandre.)
Je fais tout mon bonheur de vous voir mon Epoux.

DAMON.

(Bas.) Quelle impudence! mais ne faisons rien connoître.
(Haut) Que je suis satisfait! que j'ai sujet de l'être!
De ma reconnoissance attendez les effets.

LEONOR.

Je n'en merite point de tout ce que je fais.
Croyez que je ne suis que mon amour extrême,

(Se tournant toujours du côté de Léandre.)
Et que je vois ici le seul objet que j'aime.

MARIN *à Léonor.*

Que ne peut-il vous voir de même en ces instans?
Ah! qu'il seroit content!

DAMON.

Si je ne vois, j'entends.

LEONOR *donnant la main à Léandre.*

Oui, ma main suit mon cœur, & dans cette journée
Mes vœux seront remplis, si les nœuds d'Hyménée....

DAMON *prenant la main de Léandre.*

Donnez-moi cette main qui va me rendre heureux.
Q e par mille baisers aussi doux qu'amoureux....
Quelle main est-ce-là? que faut-il que je pense?

MARIN *s'approchant.*

C'est la mienne, Monsieur.

DAMON *donnant un soufflet à Léandre.*

Tiens, de ton insolence,
Maraud, voilà le prix.

LEONOR *bas à Léandre.*

Je suis au désespoir.

DAMON.

Je t'apprendrai, faquin....

MARIN *d'un ton pleurant, comme s'il avoit reçu le coup.*

Revenez-y pour voir.

LEANDRE *bas à Marin.*

Te moques-tu de moi?

LEONOR.

Vous êtes en colere?
Je vous quitte, & je vais retourner au Notaire.

DAMON.

Allez donc, & hâtez ces précieux instans :
Qu'il apporte au plutôt le Contrat, je l'attends...

SCENE XVII.

DAMON, MARIN.

MARIN.

IL n'est pas avec moi besoin que l'on s'explique,
Je vous ai, comme il faut, donné votre replique;
Mais, s'il vous plaît, Monsieur, quel est votre dessein?

DAMON.

De marier la vieille avec le Médecin.

MARIN.

Quoi! Monsieur Lempesé, le mari de la Tante?
Le trait seroit bouffon, & la piece plaisante :
Je vais vous le chercher, je sais bien à peu près...
Mais par ma foi la bête entre dans nos filets,
Et le voici lui-même.

SCENE XVIII.

DAMON, LEMPESÉ, MARIN.

LEMPESÉ *bas à Marin.*

OU Léonor est-elle?

MARIN *tristement.*

Chez le Notaire.

LEMPESÉ *bas à Marin.*

O Ciel! quelle triste nouvelle!
Elle épouse Damon.

MARIN *bas à Lempesé.*

C'est à son grand regret.

LEMPESÉ.

Je venois l'informer de tout ce que j'ai fait.
Mon Frere m'ayant dit que l'affaire étoit bonne...

DAMON.

A qui donc parles-tu?

MARIN.

Moi, Monsieur! A personne.

DAMON.

Tu me trompes, j'entends marcher quelqu'un ici.

LEMPESÉ.

Je tremble.

DAMON *gagnant la porte & tâtonnant par-tout avec son bâton.*

Je me veux éclaircir de ceci.

MARIN *bas à Lempesé.*

Que lui dire ? Ma foi, j'ai perdu la parole.

LEMPESÉ *bas à Marin.*

Dis ce que tu voudras. Mais plus de Carmagnole.

MARIN *à Damon.*

C'est Monsieur Lempesé très-savant Médecin,
Qui vient vous apporter un remede divin,
Que pour guerir les yeux il soutient admirable.

DAMON.

Vraiment d'un pareil soin je lui suis redevable.
Je ne sais pas, Monsieur, par où j'ai merité,
Que pour moi vous puissiez avoir tant de bonté.
Donnez-moi ce remede, il faut que je l'éprouve.

MARIN *bas à Lempesé.*

Allons, cherchez, Monsieur.

LEMPESÉ *bas à Marin.*

Que veux-tu que je trouve ?

MARIN *bas à Lempesé.*

N'avez-vous point sur vous quelque poudre, quelque eau,
Pour le faire encore mieux donner dans le panneau?

LEMPESÉ *bas a Marin.*

J'ai de l'eau pour le teint, mais peste elle est trop forte,
La composition en est faite de sorte....

MARIN *bas à Lempesé.*

Bon, bon, donnez toujours pour sortir d'embarras.

LEMPESÉ *bas a Marin.*

La voilà, prenez soin qu'il ne s'en serve pas.

MARIN *regardant le flacon.*

Qu'importe. La belle eau, la vue est éclaircie
Seulement à la voir.

DAMON.

Je vous en remercie,
Si j'en suis soulagé, je vous devrai beaucoup.

MARIN.

Vous seriez bien surpris de voir clair tout d'un coup.

DAMON.

Comment! je donnerois tout ce que je possede,
Que je croirois trop peu payer un tel remede.

MARIN.

Mais, Monsieur, pour guerir il faudroit commencer
Par bannir Léonor, & n'y jamais penser;
Car la femme à la vue est tout-à-fait contraire.

LEMPESÉ.

Hypocrate le dit.

DAMON.

Mais comment veux-tu faire?
La rupture à présent causeroit trop d'éclat :
On va dans ce moment m'apporter le Contrat,
Signé de Léonor. Elle pourroit se plaindre ;
A payer le dédit on me pourroit contraindre.

LEMPESÉ.

Et pourquoi ? Léonor ayant beaucoup d'appas,
Quelque ami ne peut-il vous tirer d'embarras,
Envers elle acquitter la parole donnée ?

DAMON.

Monsieur, quand il s'agit des nœuds de l'hymenée,
On ne voit point d'ami être assez génereux,
Jusqu'à franchir pour nous un pas si hazardeux.

LEMPESÉ.

Il s'en pourroit trouver qui sans beaucoup de peine
Se chargeroient pour vous d'une si douce chaîne.

MARIN.

(*bas*.) Il gobe l'ameçon. (*haut*.) On voit assez d'amis
Prendre en de certains cas la place des maris ;
Mais ils s'en tiennent là, sans risquer davantage,
Et laissent aux Epoux les charges du ménage.

DAMON.

Enfin je vois qu'il faut exposer ma santé,
Car personne jamais n'aura tant de bonté.

LEMPESÉ.

Pardonnez-moi, Monsieur, j'ai trouvé votre affaire,

Un homme à qui déja Léonor a su plaire,
Et qui d'ailleurs, je crois, ne lui déplairoit pas.

DAMON.

Qui seroit-ce? L'espoir de sortir d'embarras
Flatte déja mon cœur, & ma joie est extrême....
N'hésitez point, Monsieur, à le nommer.

LEMPESÉ.

Moi-même,
Qui de vous obliger eut toujours grand desir.

DAMON.

Quoi! vous pourriez, Monsieur, me faire ce plaisir?
Epouser Léonor? Ah! quelle complaisance!
Quels seront les effets de ma reconnoissance?

MARIN *à Damon.*

Voilà ce qui s'appelle un veritable ami;
Monsieur ne vous veut pas obliger à demi.

DAMON.

Puisque vous voulez bien me faire cette grace,
Vous n'avez qu'à signer le Contrat en ma place;
On va me l'apporter dans ce même moment.

LEMPESÉ.

Léonor en sera ravie assurément.

DAMON.

Pour plus de sûreté faisons croire au Notaire,
Que vous êtes celui pour qui se fait l'affaire:
Le Contrat est déja signé de Léonor;
Et comme on n'a pas mis mes qualités encor,
Avecque votre nom on y mettra les vôtres.

MARIN.

Il faut bien s'obliger ainsi les uns les autres.
Mais le Notaire vient.

DAMON *à Lempesé.*

Cachons-lui tout ceci.
(*à Marin.*)
Toi, prends garde qu'aucun ne nous surprenne ici.

(*Marin apporte une table & deux siéges avant de s'en aller.*)

SCENE XIX.

DAMON, LEMPESE', LE NOTAIRE.

LE NOTAIRE.

A Tous présens, Salut. Jamais dans mon Etude,
Avec tant de justesse & tant de promptitude,
Depuis trente-trois ans il ne s'est fait Contrat.

DAMON.

Enfin, quoi qu'il en soit, tout est-il en état ?

LE NOTAIRE.

Oui, Monsieur, il ne faut seulement que m'apprendre
Le nom, les qualités que le Futur veut prendre.
Mais, Messieurs, à vous voir les yeux que je vous vois,
Qui des deux, s'il vous plait, est aveugle ?

LEMPESÉ.

C'est moi.

LE NOTAIRE.

O Ciel ! qui l'auroit cru ? c'est vraiment grand dommage.

LEMPESÉ.

Il est vrai, mais signons sans tarder davantage.

LE NOTAIRE.

Il faut lire du moins le Contrat.

LEMPESÉ.

Nullement.

Léonor l'a signé, je signe aveuglément.

LE NOTAIRE.

La Future est pressante, & vous encore plus qu'elle.
Signez donc, c'est, je crois, Damon qu'on vous appelle.

LEMPESÉ.

De me donner ce nom je m'étois avisé,
(Lempesé signe le Contrat, & le Notaire lui conduit la main le croyant aveugle.)
Mais je signe toujours *Damien* Lempesé.

LE NOTAIRE *écrit.*

Vos qualités ?

LEMPESÉ.

Hélas ! après mon infortune,
Je ne crois pas, Monsieur, en devoir prendre aucune ;
Bon Bourgeois de Paris, & cela suffira.

DAMON.

Adieu, Monsieur, tantôt on vous satisfera ;
On aura même égard à votre diligence.

LE NOTAIRE.

Je ne demande rien, je suis payé d'avance ;
Madame Léonor a su prendre ce soin.

SCENE XX.

DAMON, LEMPESÉ.

LEMPESÉ.

DE beaucoup de finesse on n'a pas eu besoin ;
Mais, Monsieur, pardonnez à mon impatience,
Je cours à Léonor apprendre en diligence
Que le sort a rempli le plus doux de ses vœux.

DAMON.

Allez, mon cher, allez, & tenez-vous joyeux.

SCENE XXI.

DAMON *seul.*

MA foi, je m'applaudis, & le tour est trop drôle;
Avec notre benêt j'ai bien joué mon rôle:
Il est temps de finir, je suis assez instruit,
Et j'en ai vu bien plus qu'on ne m'en avoit dit.

SCENE XXII.

DAMON, MARIN.

MARIN.

MOnſieur, ſongez à vous, Léonor & Léandre
Vont revenir ici ; je leur ai fait entendre
Que vous dormiez.

DAMON.

Fort bien ; il faut, mon cher Marin,
Que quelque tour plaiſant à ceci mette fin.

MARIN.

Pour vous mieux ſeconder, ſi vous vouliez me dire....

DAMON.

Tu viendras dans ma chambre où je ſaurai t'inſtruire ;
Il ne faut que deux mots pour que tu ſois au fait.

SCENE XXIII.

MARIN *ſeul.*

IL va leur préparer encore un nouveau trait ;
D'avance je l'approuve, & mon ame ravie....
Mais voici tous nos gens, jouons la Comédie.

SCENE XXIV.

LEANDRE, LEONOR, LISETTE, MARIN.

LISETTE.

HÉ bien, dort-il encore?

MARIN.

A faire tout trembler,
La maison tomberoit, je crois, sans le troubler.

LEONOR.

Va-t-en près de son lit; & pour peu qu'il remue,
Reviens nous avertir; car je serois perdue,
S'il entendoit la voix de Léandre.

MARIN.

Fort bien.
Discourez à votre aise & n'appréhendez rien.

SCENE XXV.

LEANDRE, LEONOR, LISETTE.

LEANDRE.

JE ne reviens ici qu'en tremblant, je l'avoue.
Quand mon Oncle saura la piéce qu'on lui joue,
S'il me croit avoir part à cette invention,
C'est peu d'être frustré de sa succession,
Son courroux...

LEONOR.

Tout est fait, & ma Tante est sa femme,
Qui comme elle voudra, saura tourner son ame.

LISETTE.

Dans les commencemens, il criera, pestera,
Fera le Diable à quatre, & puis s'appaisera;
Ses soupçons ne pourront tomber que sur la Tante,
Qui malgré ses froideurs lui fut toujours constante,
Et qui pour se venger de son nouvel amour,
Sans nous en informer aura joué ce tour.
Laissez-leur entr'eux deux démêler la fusée.
Je vous la garantis femelle aussi rusée....

SCENE XXVI.

LEANDRE, LEONOR, LISETTE. MARIN.

MARIN.

O Disgrace terrible! inopiné malheur!

LEANDRE.

Que seroit-ce, Marin?

LEONOR.

Je tremble de frayeur.

MARIN.

Damon voit clair d'un œil.

LEANDRE.

Ah! juste Ciel! qu'entends-je?

LEONOR.

Je suis au désespoir.

LISETTE *pleurant.*

Quel accident étrange !

MARIN.

Il vient de s'éveiller avec un air joyeux :
Ah ! Marin, m'a-t'il dit, ah ! que je ſuis heureux !
Je vois clair de cette œil, voilà mon lit, ma table,
Te voilà, je te vois. Ah ! remede admirable,
Eau divine ; va, cours au plutôt, cher Marin,
Va chercher Lempeſé, ce fameux Médecin,
Qui m'a fait recouvrer la moitié de la vue,
La moitié de mon bien à ce ſervice eſt due.

LISETTE.

Mais cette eau, diſois-tu, n'étoit que pour le teint,
Et Lempeſé ſurpris s'étoit trouvé contraint...
Peſte du Médecin & de ſon eau divine.

MARIN.

Ce n'eſt que par hazard qu'agit la Médecine,
Parmi ces qui-pro-quo, ſouvent ſi dangereux,
Il s'en peut rencontrer entre mille un heureux.

LISETTE.

Et de quel œil voit-il ?

MARIN.

De l'œil droit.

LEONOR.

Ah ! Liſette,
De quoi t'informes-tu, quand mon ame inquiete
Eprouve en ce moment le ſort le plus fatal,
Quand je dois craindre tout d'un jaloux, d'un brutal...

LISETTE.

Ah ! ma foi, le voici.

LEANDRE.

Je ne veux point l'attendre,
Je gagne l'eſcalier.

LEONOR.

Que faites-vous, Léandre?
A présent qu'il voit clair, il va vous rencontrer.

MARIN.

Dans son grand Cabinet, vous ferez mieux d'entrer.

LEANDRE *entrant dans le Cabinet.*

Juste Ciel! quel revers!

SCENE XXVII.

DAMON, LEONOR, LISETTE, MARIN, LEANDRE *caché.*

DAMON.

Ah! quel bonheur extrême!
Quoi! je puis donc enfin revoir tout ce que j'aime.
Prenez part, Léonor, au plaisir que je sens.
O Ciel! quel teint! quels yeux! quels appas ravissans!
Comment donc! malheureux, tu la disois affreuse.

MARIN.

C'est votre guerison qui la rend si joyeuse,
Qu'elle a dans un moment repris tous ses attraits.

DAMON.

Oui, je vous trouve encor plus belle que jamais.
Vous ne me dites rien, que faut-il que je croie?

MARIN.

Ce silence est encore un effet de sa joie.

DAMON.

Je veux bien m'en flatter. Qu'il eſt doux, mes enfans,
De revoir la lumiere après un ſi long-temps!
Je croyois n'avoir plus ce bonheur de ma vie.
Ah! quel plaiſir charmant! déja je meurs d'envie
De revoir tous ces lieux, & ſur-tout mes tableaux;
Ce vont être pour moi des ſpectacles nouveaux.

LEONOR *bas à Liſette.*

Dans ſon grand Cabinet il va d'abord ſe rendre.
Que ferons-nous, Liſette? il y va de Léandre.

LISETTE *en empêchant Damon d'entrer dans le Cabinet.*

(*bas à Léonor.*) Il faut parer le coup. Mais croyez-vous, Monſieur,
Ne voir clair que d'un œil?

DAMON.

Pourquoi?

LISETTE.

Si par bonheur
Vous voyez de tous deux?

DAMON.

Non, cela ne peut être.

LISETTE.

Dans ce moment, Monſieur, nous le pourrons connoître:
Souffrez qu'avec ma main...

DAMON.

Oui-da, je le veux bien.

LISETTE *lui couvrant l'œil droit avec ſa main.*

Parlez ; que voyez-vous ?

DAMON.

Parbleu, je ne vois rien.

LISETTE.

Rien du tout ?

DAMON.

Non vraiment.

LEONOR *faiſant ſortir Léandre du Cabinet.*

Sortez ſans plus attendre.

LISETTE.

Vous ne voyez donc rien ?

DAMON *montrant Léandre qui ſort du Cabinet.*

Si fait, je vois Léandre
Qui ſort dans ce moment de mon grand Cabinet.

LISETTE.

Pour le coup nous voilà tous pris au trébuchet.

MARIN.

Parbleu, c'eſt à ce coup qu'il faut crier miracle,
Et cet objet pour vous eſt un nouveau ſpectacle.

DAMON.

D'où vous vient donc à tous ce grand étonnement ?
Eſt-ce de voir la fin de mon aveuglement ?

SCENE XXVIII.

DAMON, LEANDRE, LISETTE, LEMPESÉ, MARIN.

DAMON.

MAis j'apperçois, je crois, mon Médecin. De grace
Approchez-vous, Monsieur, venez, qu'on vous embrasse :
Votre divin remede...

LEMPESÉ.

Hé bien ?

DAMON.

A réussi ;
Je vois clair des deux yeux.

LEMPESÉ *à part.*

Que veut dire ceci ?
A cette guerison je ne puis rien connoître.

MARIN

Vous êtes plus savant que vous ne croyez l'être.
Votre fortune est faite, il faut faire afficher ;
De tous les lieux du monde on viendra vous chercher.

LEMPESÉ *à Marin.*

Je suis tout stupéfait & plus heureux que sage.
Qui l'auroit cru, qu'une eau pour peller le visage,
Guerit le mal des yeux ? Je vois que désormais
On peut tout hazarder après un tel succès.

MARIN.

Ah ! parbleu, voici l'autre.

SCENE DERNIERE.

DAMON, LEONOR, LEANDRE, LEMPESE', LA TANTE, LISETTE, MARIN.

DAMON.

Ah ! ah! c'est notre Tante.
Hé quoi ! la bonne femme est encore vivante !

LA TANTE.

Que veut dire cela, Monsieur ? vous voyez clair ?

DAMON.

Un peu trop clair pour vous, je le vois à votre air.

LA TANTE.

Si vous voyez si clair, regardez votre femme ;
J'ai signé le Contrat pour ma Niéce.

DAMON.

Ah ! Madame.

LA TANTE.

Cela vous fâche un peu ?

DAMON.

Moi, Madame ! pourquoi ?

C'est Monsieur Lempesé qui l'a signé pour moi.
Regardez votre Epoux.

LA TANTE.

Vous vous moquez, je pense.

DAMON.

Je ne me moque point, je parle en conscience.

LEMPESÉ.

Que veut dire cela ?

MARIN.

Que pour l'avoir guéri,
(*Montrant la Tante*)
De ce jeune Tendron il vous a fait mari.

DAMON.

Pouvois-je mieux payer un si rare service ?

LEMPESÉ.

Une vieille !

LA TANTE.

Un benêt !

LEMPESÉ.

Une folle !

LA TANTE.

Un jocrisse !

MARIN.

Fort bien, continuez ; c'eſt à des noms ſi doux
Qu'on reconnoît déja que vous êtes Epoux.

LA TANTE.

Pour me venger de vous, oui, je ſerai ſa femme,
Et je vous ferai voir . . .

LEMPESÉ.

Non, s'il vous plaît, Madame.

LA TANTE.

Tout comme il vous plaira, Monſieur, arrangez-vous ;
Il faut qu'il me revienne à bon compte un Epoux.

LEMPESÉ.

Ah ! parbleu, vous pouvez vous aſſurer d'un autre :
A mon âge épouſer une femme du vôtre !
Vous avez cinquante ans & des mieux meſurés.

MARIN.

Hé ! qu'importe, Monſieur ? vous la rajeunirez ;
Donnez-lui de cette eau qui pelle le viſage.

LEMPESÉ.

Ah ! c'eſt donc toi, Maraud, avec ton beau langage,
Qui m'a fait tout du long donner dans le panneau ?
Je ne ſais qui me tient.

DAMON.

Tout beau, Monſieur, tout beau ;
Ne vous emportez point.

LISETTE.

Qu'as-tu fait, double traître?

MARIN.

Je vous ai trompé tous, & j'ai servi mon Maître.
En bonne foi, pouvois-je en agir autrement?
Mais avant de crier, attends le dénouement.

DAMON.

Oh çà, mon cher Neveu, de vous qu'allons-nous faire?

LEANDRE.

Tout ce qu'il vous plaira, suivez votre colere;
Je l'ai bien meritée, ayant pu m'oublier.

DAMON.

Hé bien donc, ma vengeance est de vous marier.
Epousez Léonor, ce sera votre peine.

LEANDRE.

Je fais tout mon bonheur d'une si belle chaîne.

DAMON.

Quant à moi, je renonce à tout engagement;
J'aimois, & c'étoit-là mon seul aveuglement.
J'ai recouvré la vue, & je veux bien vous dire
Que j'ai vu tous vos tours, & n'en ai fait que rire:
Avouez qu'il falloit être bien patient.

MARIN.

Voilà le veritable Aveugle Clair-voyant.

FIN.

www.ingramcontent.com/pod-product-compliance
Lightning Source LLC
LaVergne TN
LVHW010624110826
845149LV00003B/1039

* 9 7 8 2 0 1 2 7 2 7 1 0 6 *